シカゴ講演集

スワーミー・ヴィヴェーカーナンダ

RAMAKRISHNA MISSION

日本ヴェーダーンタ協会

まえがき

スワーミー・ヴィヴェーカーナンダは一八九三年九月、米国シカゴ市で開かれた世界宗教会議に現れて世界的人物となった。以後、彼はヴェーダーンタの講演者として、宗教の調和の擁護者として、それにもまして一個の預言者として、人びとに親しまれた。どの点から見ても、スワーミージーの宗教会議への参加は、世界の宗教史上、画期的なできごとである。

右の会議でなされたヴィヴェーカーナンダのスピーチは、宗教の調和の憲章である。彼が西洋において初めて、十分な権威をもってヒンドゥイズムを明快に、組織的に解説したのもこの会議においてであった。

スワーミージーの「シカゴ講演集」の日本語訳を、このような形で読者にささげることができるのは、私たちの喜びである。宗教の調和について語りあおうとしているこの、スワーミー・ヴィヴェーカーナンダの第一三三回誕生日祝賀会の席上、本書が披露されるのは、まことふさわしいことである。

私たちは、この翻訳をゆるされた、スワーミージーの「シカゴ講演集」の著作権保持者インド、マーヤーヴァティーのアドヴァイタ・アーシュラムに感謝する。

私たちはまた、本書出版のために寛大な寄付をしてくださった、ラーマクリシュナ・マト（僧団）の古き友であり協力者であるシヴジ・ヴェルジ・コタリ氏にも深く感謝する。また短時日内にこの仕事を完成させるために骨身をおしまず働いた協会員にも、感謝しなければならない。

小冊子ではあるけれど、本書が読者に深い印象を与えるであろうことを私たちは確信する。それは必ず、彼らが真の宗教を理解するのを助け、今日の急務である宗教の調和の実況をうながすであろう。

一九九五年六月一八日

発行者

目次

歓迎に応えて

一八九三年九月一一日

アメリカの姉妹たち、そして兄弟たち、

皆さんが私どもに示して下さった、このあたたかい、心のこもる歓迎にこたえて立ち上がった私の胸は、言葉につくし得ぬ喜びでいっぱいです。私は、世界でもっとも古い僧団にかわって、皆さんにお礼を申し上げます。もろもろの宗教の母にかわってお礼を申し上げます。そして、すべての階級すべての宗派に属する、幾百万のインド人にかわってお礼を申し上げます。

私はまた、東洋の代表者たちを指して、はるかな国々からやってきたこの連中は他の諸国に寛容の精神を伝えたことを誇っても当然である、とおっしゃった、この壇上においでの一部の講演者にも、感謝を致します。私は、この世界に寛容と、すべてを承認することとの二つを教えた宗教に属することを、誇りに思うものです。私たちは普遍的な寛容性を信じるだけでなく、すべての宗教を真理として認めるのです。私は、地球上のすべての宗教およびすべての国々の、迫害されて難を避けてきた人びとをかくまってきた民族に属することを、誇りに思っています。ローマ人の暴虐によって彼らの聖堂がめちゃめちゃに破壊されたその年に南インドにやってきた、イスラエル人の最も純粋な残存者たちを、集めてわれわれはわがふところに抱いたのです。私は、偉大なゾロアスター教の国の残存者たちをかくまい、今もはぐくんでいる宗教に属することを誇りに思っています。私はここで、兄弟たちよ、私がごく幼い頃から、くり返してきた、幾百万の人びとによって毎日となえられている、ある賛歌の中の数行を引用しておきかせしましょう——

「源を異にするさまざまの河川が、すべて海に流れ込んで一つになるように、おお主よ、人びとがさまざまの傾向に応じてたどるさまざまの道は、曲がったりまっすぐであったりさまざまに見えるではありましょうが、すべてあなたのもとに達します」

かつて催された中でもっとも権威のある集まりの一つであるこの会議は、それ自体が、「いかなる形を通じてでも、私のもとにくる者は誰であれ、私は彼に接する。すべての人は、ついには私に到達するところの、さまざまの道を通って努力しつつあるのだ」という、ギーターに説かれているすばらしい教えを、世界に向かって証明し宣言しているのです。宗派主義、頑迷、およびそれの恐ろしい子孫である狂信が、この美しい地上を長い間占領してきました。それらはこの世界を暴力で満たし、幾たびも人間の血でずぶぬれにし、文明を破壊してすべての民族を絶望におとしいれました。もしこのような恐ろしい悪魔どもがいなかったなら、人間社会は今あるよりはるかにもっと進歩していたことでしょう。しかしすでに、彼らの運命の時がきています。けさこの会議に敬意を表して鳴った鐘が、すべての狂信の、剣または筆をもってするすべての迫害の、そして、同じ目標に向かって彼らの道をたどりつつある人びととの間に生まれたすべての無慈悲な感情の弔鐘《ちょうしょう》であれ、と私は熱心に期待するものであります。

なぜわれわれは争うのか

一八九三年九月一五日

ある短い話をお聞かせしましょう。皆さんは、いま話を終えられた雄弁な講演者が、「たがいに非難をし合うのは止めよう」とおっしゃるのをおききになりました。そして彼は、相互の間に常に大きな意見の違いのあることを、嘆かれました。

しかし私は、この違いの原因を説明する、一つの物語をお話ししよう、と思うのです。一匹のカエルが井戸の中にすんでいました。長い間そこにすんでいたので、そこで生まれ、そこで大きくなったのですが——とは言ってもまことに小さなカエルでした。もちろん、当時そこに進化論者はいませんでしたから、そのカエルが眼を失っていたかどうかは分かりません。しかしこの話のために、それは眼を持っていて、現代の細菌学者の持つ名誉にも値するほどの精力をもって毎日水中の虫やばい菌を食べ、水を清潔に保っていたもの、としなければなりません。このようにして暮らすうちに、カエルは少しつややかさを増し、太ってもきました。さて、あるとき、海にすんでいたもう一匹のカエルがやって来て井戸の中に落ちました。

「君はどこからきたのか」

「私は海からきた」

「海だと！　それはどのくらい大きいのか。私の井戸くらいの大きさか」井戸のカエルはこう言って、井戸の端からもう一方の端へと一とびにとびました。

「君、どうしてこの小さな井戸と海をくらべようなどとするのだ」と海のカエルは言いました。

「ではこのくらい大きいのかね」と、井戸のカエルはもうひととび。

「海を君の井戸とくらべるなんて、なんて愚かなことを言うのだ！」

「さては」と井戸のカエルは言いました、「この井戸より大きなものがあろうはずはないのに、こいつはうそつきなのだ。追い出してしまえ」

つねに、これが問題だったのであります。

私はヒンドゥ教徒です。私は自分の小さな井戸に中にすわっていて、この井戸が全世界であると思っています。キリスト教徒は彼の小さな井戸の中にすわって、全世界は彼の井戸だ、と思っています。マホメット教徒はまた彼の小さな井戸の中で、これが全世界だと思っているのです。われわれのこの小さな世界と世界との間の障壁を、のぞこうとして努力していらっしゃるアメリカの皆さんに、私は感謝をせずにはいられません。そして、やがてこの目的の成就するよう、主の加護のあらんことを期待するものであります。

ヒンドゥイズムに関する論文

一八九三年九月一九日

この世界に、有史以前から今日まで伝えられて来た三つの宗教が存在します――ヒンドゥ教（ヒンドゥイズム）、ゾロアスター教、およびユダヤ教です。それらのすべてが、数々の恐ろしい打撃を受けてきたのでありまして、生き残っている、ということが、それらが内部に力を持っている証拠です。しかし、ユダヤ教はキリスト教を吸収することができず、いっさいを征服するこの娘によって誕生の地から追い出され、また、一にぎりのパーシー教徒〔二〕は彼らの偉大な宗教について語り得る唯一の人びとである、というのに、インドでは、宗派につぐ宗派が起こってヴェーダの宗教を根底からゆるがすと思われたにもかかわらず、大地震の際の浜辺の海水のように、それはひととき退いたかと思うと必ず、いっさいを飲み込む高波となって千倍もの力で寄せ返し、騒ぎがおさまったあとでは、これらの宗派はことごとく、巨大な母体であるこの信仰の中に吸い込まれ、同化されてしまっていたのであります。

最新科学の諸発見はそれのこだまであるように思われるヴェーダーンタ哲

学の高遠な飛しょうから、多種多様の神話をもつ偶像崇拝の低い思想に至るまで、また仏教徒の不可知論もジャイナ教徒の無神論も、それらのことごとくが、ヒンドゥの宗教の中に各自の場所を持っています。

ではどこに、実に多岐にわたるこれらすべての放射線が集中する共通の中心はあるのか、という疑問が起こります。どこに、これらすべての、一見手のつけようのないもろもろの矛盾が落ちつく共通の基盤はあるのでしょうか。これが、私がお答えしようとしている疑問です。

ヒンドゥ教徒は彼らの宗教を、天啓、すなわちヴェーダによって受けました。彼らは、ヴェーダには始めが無く終わりも無い、と主張します。それはここでお聞きの皆さんには馬鹿げたことと聞こえましょう。一冊の書物に始めと終わりが無い、などということがどうしてあり得ましょう。実は、ヴェーダは書物ではありません。それらは、さまざまの時代にさまざまの人びとが発見した霊性の法則が集められている宝庫なのです。重力の法則はそれの発見される前から存在し、たとえ全人類がそれを忘れてしまっても存在し続けるでありましょうが、霊性の世界を支配する法則もそれと同じです。魂と魂との間の、そして個々の魂とすべての魂の父との間の道徳的、倫理的、および霊的関係は、それらが発見される前からあったのですし、たとえわれわれがそれらを忘れてしまっても存在し続けるでありましょう。

これらの法則の発見者たちはリシと呼ばれており、私たちは彼らを、完成された人びと、としてうやまっています。私は、その中でも最も偉大な人びとの中の何人かは女性であった、と申しあげることができるのをうれしく思います。

ここで、これらの法則は法則として終わりはないかもしれないが始めはあったに違いないと言われるかもしれません。ヴェーダはわれわれに、創造には始めもなく終わりもない、と教えているのです。科学は、宇宙のエネルギーの総計は常に同一である、ということを証明したと言われています。それなら、もし何ものも存在しない時があったとするなら、これらすべての表現されているエネルギーはその時どこにあったのでしょうか。ある人びとは、それは潜在する形で神の中にあった、と言います。そうとすれば、神は時おりは潜在的であって時おりは活動的である、つまり彼は移り変わる存在である、ということになります。移り変わるものはすべて複合物であり、複合されたものはことごとく、破壊と称するあの変化をこうむらなければなりません。すると、神が死ぬわけです。これは不条理でしょう。ですから、創造がない、という時期はかつて存在したことがないのです。

もし一つの比喩を使うことが許されるなら、創造と創造主とは、たがいに平行に走る、始めと終わりのない二本の線です。神は常に永遠にはたらいている摂理、彼の力によって混とんの中から次々と宇宙が展開し、ひとときは活動させられるとまた破壊されるのです。ブラーミンの息子たちが毎日くり変えす次の言葉はそのことを述べているのです、「太陽と月、主はそれを、過去の多くの周期の太陽たち月たちに似せてお創りになった」

ここに私が立っていて、もし眼を閉じ、「私」、「私」、「私」と言って自分という存在を心に思い浮かべようと努めるなら、私の前に現れる観念は何ですか。肉体の観念です。それでは、私は一個の物質の結合体にすぎないのでしょうか。ヴェーダは「否《いや》」と断言しています。私は、肉体に住む一個の霊であります。私は肉体ではありません。肉体は死ぬでしょう。しかし私は死にません。私はこの肉体の中にいます。肉体は死ぬでしょう。しかし、私は生き続けるでありましょう。私には過去もありました。魂は創造されたものではありません。創造は結合を意味し、結合は、いつか必ず解体することを意味します。それなら、もし魂が創造されたものであるなら、それは死ななければなりません。

ある人びとは幸せに生まれつき、立派な肉体と精神力とに恵まれて完全な健康を楽しみ、何ひとつ不自由なく暮らします。他の人びとは不幸に生まれつき、ある者は手足がなかったり愚かであったりして、惨めな生涯を送るにすぎません。もし彼らがすべてが創られたものであるなら、正しく慈悲深い神がなぜ、一人をしあわせに、もう一人を不幸にお創りになったのでしょうか。なぜ、彼がそんなえこひいきをなさるのでしょうか。この問題は、この世で不幸な人びとは来世で幸せになる、などと主張しても片づくものではありません。ここ、正しく慈悲深い神の治世にあって、なぜ人が不幸であり得るのでしょうか。

第二には、神を創造主とする考えは異例の事実を説明することができず、ただ、それは全能者の残酷な命令である、とすることしかできません。人が生まれる前に、その人を幸せに、または不幸にする原因はつくられていたに違いなく、しかもその原因は彼の過去の行為だったのであります。

心と肉体の傾向はすべて、遺伝によって受けついだ素質であるとして説明されているのではありませんか。ここに存在の二つの平行線があります――

心の線と物質の線です。もし物質とその変容がわれわれの持つものすべてを説明しつくすなら、魂の存在などを想像する必要はありません。しかし、思考が物質から生まれたとする証明は不可能ですし、またもし哲学上の一元論が避けがたきものであるなら、霊的一元論は確実に理にかなっているし、唯物的一元論に劣らず望ましいものでもあるのです。しかしここでは、そのいずれをも必要としているわけではありません。

われわれは、肉体は遺伝によってある種の性質を獲得する、という事実を否むことはできません。しかしそれらの性質は、ある種の心だけがある種の方法で活動するのに適する、肉体の構成であるにすぎません。その他に、魂の過去の行為の結果として生まれた、その魂に特有の性質があります。そして特定の傾向を持つ魂は、類をよぶという法則によって、その傾向の表現に最も適した肉体に宿って誕生するのであります。この事実は、科学とも一致するでしょう。科学はいっさいのことを習性によって説明したがりますが、習性は、反復によって得られるものです。それゆえ、生まれたばかりの魂の生得の習性を説明するには反復が必要です。しかもそれらは今生で得られたはずはないのですから、前生からもたらされたもの、と見るほかはないのです。

もう一つ、申し上げることがあります。これらすべては当然のこととして、では私が過去世のことを全く記憶していないのはどういうわけなのでしょうか。これはたやすく説明することができます。私は今、英語を話しています。それは、私の母国語ではありません。事実、母国語は今、全く私の意識には上がってきていません。しかし思いだそうと努めれば、たちまち心に浮かんで来ます。この事実は、意識は心という大海のほんの表面であるにすぎず、その奥底には、われわれの経験のすべてが蓄積されているのだ、ということを示しています。努力してご覧なさい。それらは現れてきて、あなた方は自分の過去世までも思い出すでしょう。

これは明白な事実です。実証は理論の完全な証明ですが、ここに、リシたちが世間に投じた挑戦があります。私たちは、記憶の大海の底の底をもかき立てることのできる秘密を発見しているのです——それを試みられるなら、皆さんはご自分の過去生を完全に思い出されることでしょう。

そういうわけで、ヒンドゥ教徒は、自分は霊である、と信じています。剣も彼を刺すことはできず、火も彼を焼くことはできず、水も彼を溶かすことはできず、空気も彼を干すことはできないのです。ヒンドゥは、あらゆる魂は物質の条件に縛られていません。それの本質は自由であり、清浄であり、死はその中心を一個の身体から別の身体に移すことである、と信じています。は一個の円である、その円周はどこにもないが、その中心は身体の中にあり、純粋であり、そして完全であります。ところがどういうものか、それは自分を、物質に縛りつけられていると見、自分は物質である、と思うのです。

なぜ、この自由な、完全な、そして純粋な存在がこのように物質の束縛下にあるのか、というのが次の疑問です。どうして、完全な魂があざむかれて、自分は不完全であるという信念を持つにいたるのでしょうか。私たち、ヒンドゥ教徒はこの質問を避け、そんな質問はあり得ないという、と教えられてきました。ある思想家たちは一、二の完全人格に似たものを想定してこれに答えようと欲し、このギャップを埋めるために偉そうな科学上の名称を使います。しかし命名は説明ではありません。問題は未解決のままです。どうして完全なものが疑似完全なものになり得ましょう。どうして純粋で絶対なものが、たとえその一微粒子でもの性質を変えることなどができましょう。しかしヒンドゥ教徒はまじめです。彼は詭弁《きべん》の下に身を隠すようなことはしたがりません。彼は勇敢に、男らしい態度で問題に直面し、その答えは、「私は知らない。どうして完全な存在である魂が、自分を不完全なもの、物質につながり物質に限定されるものと思うようになったのか、私には分からない」と言うものです。しかし事実はあくまでも事実です。自分は肉体である、と考えるのは、あらゆる人間の意識における事実なのであります。ヒンドゥ教徒は、なぜ人が自分を肉体であると考えるかを説明しようとしません。それは神の思し召しである、という答えは説明ではありません。それは、ヒンドゥ教徒の言う、「私は知らない」以上の何ものでもないのです。

そのようなわけで、人の魂は永遠であり不死であり、完全であって無限であります。死は単に、一個の体から別の体へと中心を変えることにすぎないのです。現在はわれわれの過去の行為によって決定されており、将来は現在によって決定されます。魂は、誕生から誕生へ、死から死へと流転しつつ、進化を、またはあと戻りを続けて行くでありましょう。しかし、ここにもう一つの疑問がおこります。人は一瞬間飛沫《しぶき》と共に大波の頂きにおし上げられ、次の瞬間には奈落の底に引きおろされる嵐の中の小舟のように、善い、または悪いカルマの意のままに転げまわっているのだろうか。常に荒れ狂い突進する、少しの妥協もせぬ因果の流れにただよう、力なく寄る辺ない一そうの難破船なのであろうか。寡婦《かふ》の涙にも孤児の泣き声にも耳をかさず、途上にあるもののいっさいをおしつぶして進む因果の車輪の下におかれた小さな蛾《が》のようなものなのだろうか。こう思うと心は沈みます。しかしこれは自然の法則なのです。希望はないのか、ここから逃れる途はないのか、というのが、絶望のハートの底から生まれた叫びでした。それは慈悲の玉座に達し、希望となぐさめの言葉が下ってヴェーダの賢者を鼓舞しました。すると彼は世を前にして立ち上がり、朗朗とこの喜びの知らせを宣言したのです、「聞け、おん身、不滅の至福の子供たちよ！　諸天善神も共に聴くがよい！　私はすべての闇を、すべての迷妄を超越している永遠なる者を見いだした。彼を知りさえすれば、おん身たちはかならず死から救われるのである」と。「不滅の至福の子供たち」――何という甘美な、何という希望にみちた名前でしょう！　兄弟たちよ、この甘美な名であなた方を呼ぶことを許して下さい――不滅の至福の世つぎたち――そうです、ヒンドゥは、あなた方を罪びとと呼ぶことを拒むのです。おん身は神の子供である、不滅の至福を分け持つ人びと、聖《きよ》くて完全な存在である。地上の神々であるおん身たち――それを罪びとなどと！　おお、人をそのように呼ぶことこそが罪であります。それは人間性に対する不変の侮辱です。立ち上がれ、おお、獅子《しし》たちよ、そして、自分は羊である、という妄想を打破せよ、あなた方は不滅の魂、清浄であって死を知らぬ、自由なる霊であられるのです。あなた方は物質ではありません。肉体ではありません。物質はあなた方の召し使い、あなた方が物質の召し使いなのではないのです。

こういうわけでヴェーダは、容赦のない法則の結合、原因結果のはてのない牢獄《ろうごく》を説いているのではなく、これらすべての法則の冒頭に、物質と力との各微粒子の中にみちみちて、「彼の命令によって風は吹き、火は燃え、雲は雨を降らせ、そして死は大地に忍び寄る」ところの、一者の在ることを宣言しているのです。

では、彼はどういう存在なのでしょうか。

彼は一切所に在り、純粋、無形の存在であって、全能であり、しかも慈悲そのものです。「おん身は我らの父、おん身は我らの母、おん身は我らのいとしき友、おん身はすべての力の源にてまします。我らに力を与えたまえ。おん身はこの宇宙なる重荷をにないたまうお方、この人生なる小さき重荷をになうわれを助けたまえ」ヴェーダのリシたちはこのようにうたいました。そして、どのように彼を礼拝すればよいのでしょうか。愛によって、であります。「彼を、今世および来世のいっさいのものよりも親密な、最愛の者として愛すべきである」と。

これが、ヴェーダの中に宣言されている、愛の教えであります。それが、地上に生まれた神の化身である、とヒンドゥたちが信じているシュリー・クリシュナによって、どのように完全に展開され教えられているか、見てみましょう。

彼は、人はこの世に、ハスの葉のように生きるべきである、と教えました。ハスの葉は水中から生じるのですが、決して水にぬれません。人もこの世にあってそのように生きるべきなのです――ハートは神にささげ、手は仕事をして。

この世または来世における報いを期待しつつ神を愛するのはよろしい、しかしさらによいのは愛のために神を愛し、このように祈ることです、「主よ、私は富も、子供たちも、学問も、欲しいとは思いません。もしそれがあなたの思し召しなら、何回でも生まれ替わりましょう。ただ、このことはお許し下さい、報いへの期待なしにあなたを愛することができますように――無私の心で、愛のために愛することができますように」と。クリシュナの弟子の一人、その当時のインドの皇帝が、敵のために領地を追われ、王妃と共にヒマラヤ山中の森の中に身を隠さなければなりませんでした。するとある日、王妃が彼に、人びとの中でも最も徳の高い彼がこのような不幸にあわなければならないのはどうしてであるか、と尋ねました。ユディシュティラは答えました、「ヒマラヤ山をご覧、わが妃《きさき》よ、彼らは何と壮大で美しいのだろう、私は彼らを愛する、彼らは私に何を与えるわけでもない。しかし私は生まれつき壮大なもの、美しいものが好きだ。それだから山々を愛するのだ。同様に、私は主を愛する。彼はすべての美しいもの、すべての荘厳なものの源でいらっしゃる。彼は愛されるべき唯一の対象である。私は生来彼を愛する。それだから愛するのだ。私は何もお祈りはしない。私は何ひとつお願いはしない。彼はお好きな所に私を置いて下さるがよい。私は愛のために彼を愛さなければならない。私は愛で商売をすることはできないのだ」と。

ヴェーダは、魂は神聖である、ただ物質に縛られているのだ、と教えます。この束縛が破られたときに完成はとげられるでありましょう。ですから、この完成を表現する言葉はムクティ――自由、すなわち不完全の束縛からの解放、死と不幸からの解放――であります。

そしてこの束縛からは、神の恩寵によってのみ、脱することができます。しかもその恩寵は心の清き者の上にくだります。ですから、心の清らかさが、彼の恩寵の条件なのです。その恩寵はどのようにはたらくか。彼が、彼自らをその清きハートにお示しになるのです。清き者、汚れなき者は今生においてさえ神を見ます。そのときに初めて、ハートの曲がりは正されます。そのときに、すべての疑惑は解消します。彼はもはや、恐ろしい因果の法則にあやつられてはいません。これが、ヒンドゥイズムのまさに中心、本質的な概念なのであります。ヒンドゥ教徒は、言葉や理論の上に生きることを欲しません。もし普通の感覚的存在を超越する存在があるならそれに直面することを欲します。もし彼の内部に物質ではないところの魂があるなら、もしそこに慈悲そのものなる普遍的魂が存在するなら、まっすぐに彼のもとに行くでしょう。彼は、「彼」を見なければなりません。そのことだけが、すべてのうたがいを破壊し得るのです。それゆえ、ヒンドゥの賢者が魂について、神について、与える最善の証拠は、「私は魂を見た、私は神を見た」というものです。これが、完成の唯一の条件なのであります。ヒンドゥの宗教は、ある教義または定説を信じようと努力することではなく、つまり信じることではなく、悟ることであります。「ある」ことであり、「成る」ことなのであります。

このように、彼らの体系の全目的は、不断の努力によって完全になること、神聖になること、神に到達し神を見ることであります。そしてこの神に到達すること、神を見ること、まさに天にましますの父の全きがごとく完全になること、が、ヒンドゥ教徒にとっての宗教なのであります。

そして、人が完全になるとき、その人はどうなるのでしょうか。彼は、無限の至福の生活を生きます。人間のよろこびの唯一の源泉、すなわち神を得たのですから、そしてその至福を神とともに楽しむのですから、無限でしかも完全な至福を享受します。

ここまでは、すべてのヒンドゥが一致しています。これはインドのすべての宗派に共通の宗教です。しかし完全は絶対であり、絶対なるものは二つ、または三つはあり得ません。それはいかなる性質をも持つことはできません。それは、一個の個体ではあり得ません。それゆえ、魂が完全かつ絶対になるとき、それはブラフマンと一体になるはずです。そして主をただ自らの性質および存在の完成されたもの、実在、として自覚するのみでありましょう。すなわち絶対なる存在、絶対なる知識、そして絶対なる至福としてです。私たちは実にたびたび、この境地が個性の喪失であり、木の切り株か石ころのようになることであると言われているのを読みました、「彼は、少しも痛みを感じなかった傷痕を一笑に付す」と。

それは決して、そのようなものではないのです。もしこの小さな身体の意識を楽しむことが幸福であるなら、二つの身体の意識を楽しむことはもっと大きな幸福でありましょうし、幸福の分量は意識する身体の数が増すに従ってふえ、目的、すなわち幸福の極みは、それが普遍意識となったときに達せられるでありましょう。

それゆえ、この無限の普遍的個性を得るためには、この哀れな小さい牢獄的個性はなくならなければなりません。私が生命と一つになったときに初めて、死はなくなります。私が幸福そのものと一つになったときに初めて、不幸はやみます。私が知識そのものと一つになったときに初めて、すべての間違いはなくなりましょう。これは必然的な、科学的な結論であります。科学は私に、物質的個別性は一つの迷妄である、実は私の身体は、すき間のない物質の大海の中の、常に変化しつつある一個の小さな体にすぎないのだ、と教えています。またアドヴァイタ（単一性）は、もう一つの私である、魂についての必然的な結論なのであります。

科学は、単一性の発見以外の何ものでもありません。科学が完全な単一に到達すれば、その瞬間に科学のそれ以上の進歩はやむでしょう。なぜなら、それは目標に達したのですから。こういうわけで、もしそれから他のいっさいの要素がつくり出されるという一つの要素が発見されたなら、化学はそれ以上進歩することはできないでしょう。物理学が、他のすべてはそれの現れにしかすぎない一つのエネルギーを発見する、という貢献をしたら、この学問は終わるでしょう。宗教の科学は、それが、死の宇宙における唯一の生命である彼を、常に移り変わりつつある世界の恒常の基盤である彼を、すべての魂はそれの幻想的な現れであるにすぎないところの、唯一の魂である彼を見いだしたときに完全になります。このように、多様性と二元性とを経て、究極の単一性に到達するのです。宗教はそれ以上進むことはできません。これがすべての科学の目標です。

すべての科学は、結局はこの結末に至ることに決まっています。創造ではなく現れ、が今日の科学が用いる言葉です。ヒンドゥは、彼が幾百千年胸中に抱いてきた思想が、科学の最新の結論によってもっと力強い言葉で、もっと明るい光に照らして教えられようとしていることを、ひとえに喜んでいるのです。

さて、哲学上の抱負から、無知な人びとの宗教へと下りてまいりましょう。私はまず最初に、インドには多神教はない、と申し上げたいと思います。どの寺院でも、近くに立って耳をすませば、参詣者が神像に、遍在を含む神のあらゆる性質を認めていることが分かります。それは多神教ではないし、この場合には一神教という名もあてはまらないのであります。「バラは、他の何という名で呼ばれてもよい香がする」名の数の多いことは事実を説明するものではないのです。

私は、子供の頃にインドで、あるキリスト教宣教師が群衆に説教するのをきいていたことを思い出します。いろいろ結構な話をした中で、彼はこう言いました、「もし私が君たちの拝んでいる偶像をこのステッキで打ったとしても、その偶像に何ができるか」すると聴衆の一人が鋭い調子で、「もし私があなたの神を罵っても、彼に何ができますか」と応酬しました。「君が死ぬときに罰せられるだろう」と説教者。するとこのヒンドゥは、「では私の神像は、あなたが死ぬとき、あなたを罰するだろう」と言いました。

樹木はその果実によって知られます。偶像崇拝者と呼ばれている人びとの中に、徳性においても霊性においても愛においても他に類を見ないほどの人びとを見いだすとき、私は立ち止まって自問するのです「罪が聖らかさを生むことができるものだろうか」と。

迷信は人間の大きな敵です。しかし頑迷はもっと悪い。なぜキリスト教徒は教会に行くのですか。なぜ十字架は神聖なのですか。なぜ、祈るときに顔は天に向けられるのですか。カトリック教会にはなぜ、あんなにたくさんの偶像があるのですか。プロテスタントの心の中にはなぜ、祈るときにあんなにたくさんの像が描かれるのですか。わが兄弟よ、私たちは、呼吸をしなければ生きられないのと同様に、心象を持つことなしには何ごとをも考えることもできないのです。連想の法則によって、物質の像は想念を呼び出し、その反対もおこります。ですからヒンドゥ教徒は、礼拝をするときに外的なシンボルをもちいるのです。彼は、それは心が祈りの対象に集中するのを助けるのだ、と言うでしょう。彼はあなた方と同じように、像は神ではない、遍在ではない、ということを知っています。結局、ほとんど全世界の人びとが、遍在ということをどの程度理解しているでしょうか。それは単に、言葉であり、シンボルであるにすぎません。神は面積を持っておられるのでしょうか。そうでなくても、「遍在」という言葉をくり返すときには、われわれはひろがった空か空間を考えます。それだけのことです。

どういうものか、心の構造の法則に従って、われわれが無限という観念をかならず青空か海の光景に結びつけることはご覧の通りですが、同様にわれわれは、神聖という観念を教会とかモスクとか、十字架に結びつけます。ヒンドゥたちは、神聖、純粋、真理、遍在、および他のそれに似た観念を、さまざまの神像や形に結びつけて来ました。しかし両者のちがいは、ある人びとにとっては宗教は特定の教義に知的に合意し、自分の仲間に善をなすこと、を意味するのであるがゆえに、彼らはその生涯を教会という偶像にささげてそこからは一歩も向上しないのに対し、ヒンドゥの全宗教は悟りを中心としている、ということです。人は神を悟ることによって神聖になるべきものです。偶像や寺院や教会や書物は彼の子供時代の助けにすぎません。彼は進歩しつづけなければならないのです。

　彼はどこであれ、ストップしてはなりません。聖典は説いています、「外形に現れた礼拝、物質的な礼拝は、最低の段階である。向上の努力をすると、心中の祈りが次なる段階である。しかし最高の段階は、主が悟られた段階である」と。注目なさい、偶像の前にひざまずくその人が、あなた方に言うのですよ、「太陽も月も星も、彼を現すことはできない。稲妻も、われわれが火と呼ぶものも、彼を現すことはできない。彼によって、彼らは輝くのだ」と。

それでも彼は、誰の偶像をもそしらず、それを拝むことを罪であるとも言いません。それが人生に必要な段階であることを認めているのです。「子供は人の父である」老人が幼年期青年期を罪であると難じたら、それは正しいでしょうか。

もし人が神像の助けによって自分の性質を悟ることができるなら、それを罪と呼ぶことが正しいでしょうか。彼がその段階を通り過ぎた後でも、それを誤りであったと言うべきでしょうか。ヒンドゥにとっては、人は誤りから真理へ進みつつあるのです。彼にとってすべての宗教は、もっとも低い拝物教から最高の絶対論に至るまで、人間の魂が無限者を理解し自覚しようとするさまざまの試みであり、その魂の生まれと環境によってそれぞれの姿を呈するが、いずれもが進歩の一段階を示しているのです。それぞれの魂は高く、もっと高くと飛しょうしつつある若ワシであって、ついに栄光の太陽に達するまで、ひたすら力をたくわえつつあるのです。

多様の中の単一、というのが自然の計画でありまして、ヒンドゥはそれを認識しています。他のあらゆる宗教は特定の教条をもうけ、それを採用することを社会に強要します。一着のコートを差し出して、ジャックにもジョンにもヘンリーにも、同じようにそれを着せようとするのです。もしそれがジョンかヘンリーに合わないと、彼は身にまとうコートなしで暮らさなければなりません。ヒンドゥは、絶対者は相互的存在を通じてでなければ悟ることも、思うことも、述べることもできない、そして神像や十字架や新月章は要するにさまざまのシンボル、この霊的観念をひっかけるためのさまざまの木くぎなのだ、ということを発見しました。それの助けは誰にとっても必要だ、というものではありませんが、それを必要とせぬ者が、それは間違いだ、と言う権利はありません。またそれは、ヒンドゥイズムの必須課目でもないのです。

一つ、皆さんに申し上げておかなければならないことがあります。インドの偶像崇拝は、別に恐ろしいものではありません。売春婦の母親ではありません。それは未発達の心に高い霊的真理を理解させようとする試みです。ヒンドゥは彼らなりの欠点を持っています。時おりは例外もいます。しかしこのことは知っておいて下さい。彼らは常に自分みずからの身体を罰しようとし、決して隣人ののどを切ろうとはしません。ヒンドゥの狂信者は火葬の積み薪《まき》の上で自分みずからを焼いても、異端者糾問の火をつけるようなことは決してしません。みずからを焼くことさえ、彼の宗門においては、キリスト教における魔女の焼き殺し以上にたびたびは起こらないのです。

ヒンドゥ教徒にとって、宗教の全世界は要するに、さまざまの男女がさまざまの条件と環境を通じて同一の目標に向かってやってきつつあるところなのです。各々の宗教は、物質的な人間から神を引き出しつつあるものにすぎず、しかも同一の神が、すべての宗教の背後で霊感を与えておられるのです。ではなぜ、そこにこれほど多くの矛盾があるのでしょうか。それらはそう見えるだけだ、とヒンドゥは言います。矛盾は、異なる性質のさまざまの環境に自らを適応させつつある、同一の真理からくるのです。

それは、さまざまの色のガラスを通ってくる、同一の光です。そしてこのようなささやかな変化は、適合のために必要なのです。しかし一切物の中心には、同一の真理が君臨しています。主は、クリシュナとして化身しておられたときに、ヒンドゥに向かって断言なさいました、「真珠のひもを通る糸のように、私はあらゆる宗教の中にいる。何であれ、並々ならぬ聖らかさと並々ならぬ力とが人類を高め浄めているのを見たら、私がそこにいるものと知れ」と。そしてその結果はどうでしょう。私は全世界の皆さんにお願いします。サンスクリット哲学の全体系を通じてヒンドゥ（教徒）だけが救われて他は救われない、などという表現がそこに見いだせるものかどうか、確かめて下さい。ヴィヤーサ（ヴェーダの編集者）は、「われわれは完成されたた人びとを、われわれのカーストや身上の垣の外にも見いだす」と言っています。もう一つ。ではどうして、その思想の全組織が神を中心としているヒンドゥ教徒が、不可知論的な仏教を、または無神論的なジャイナ教を信じることができるのでしょうか。

仏教徒やジャイナ教徒は神に依存しません。しかし彼らの宗教の全精力は、人の内なる神を開発するという、あらゆる宗教の偉大な中心真理に向けられています。彼らは父を見ていないけれど、息子を見たのです。そして、子を見た者は父をも見たのであります。

これが、兄弟たちよ、ヒンドゥたちの宗教思想の簡単な描写です。彼らはそのプランの全部を実現させることはできなかったかもしれません。しかし、もしここに普遍宗教というものがあるとしたら、それは特定の時間と空間には限定されないものでなければならず、それが説く神のように無限であり、その太陽はクリシュナとキリストの信者たちの上に、聖者たちと罪びとたちの上に、同じように輝くでありましょう。それはバラモン教的でも仏教的でも、キリスト教的でも回教的でもなく、これらすべての総計であってなおその上に発展のための無限の余地を持っているでしょう。その普遍性のゆえに、けものと大して異ならぬ最低の野蛮人から、その頭脳とハートの徳によって人間のレベルをほとんど超越し、社会をして畏敬の念を起こさせ、人間としての性質をうたがわしめるほどの最高の人にいたるまで、その無限の腕に抱擁し、それらの各々に場所を与えるものでありましょう。それは、その政策の中に迫害や不寛容のための余地をまったく持たず、一人ひとりの男女の内に神性を認め、その全意図、その全力を人類が自らの神性を自覚するのを助けることに向けている宗教でありましょう。

このような宗教を提供するなら、すべての民族がしたがうでしょう。アショカ王の会議は仏教信仰の会議でした。皇帝アクバルのそれは同じ目的をもっとはっきりと打ち出したものですが、これは客間の会合にすぎませんでした。主はあらゆる宗教の内にまします、ということを世界中に向かって宣言する役は、アメリカのために残されていたのです。

ヒンドゥ教徒のブラフマンであり、ゾロアスター教徒のアフラ・マズダであり、仏教徒のブッダであり、ユダヤ教徒のエホバであり、キリスト教徒の天にましますます父である彼が皆さんに、この高貴な思想を実現するための力をお与え下さるように！　星は東の空に上りました。それは時にはくもり、時には光り輝きつつ西に向かって確実に旅を続け、ついに世界を一周しました。今それは、かつての数千倍の光輝をもって、まさに東の地平線を上ろうとしています。

コロンビア、自由の母国、万歳！　調和の旗をかかげて文明の先頭を行進する役目はあなたに、かつて隣人の血に自分の手を浸したことのないあなた方に、決して富を得る近道は隣人をかすめることだなどと考えたことのないあなた方に、与えられたのです。

［一］インドに難を逃れてそこに今も存続するゾロアスター教徒。

インドに緊急必要なのは宗教ではない

一八九三年九月二〇日

キリスト教徒たちは良い批判には耳を傾ける用意がおありになるに違いないのですから、私がここで小さな批判をしましても、皆さんがそれを意にかいされるとは思いません。異教徒の魂を救うために宣教師たちを派遣することがあんなにもお好きなキリスト教徒の皆さん――なぜ、彼らの肉体を飢餓から救おうとお努めにはならないのですか。インドでは、あの恐ろしい飢饉《ききん》の間に幾千人が、餓死しました。それでもあなた方キリスト教徒は何もなさらなかったのです。あなた方はインド中に教会をお建てになりますが、捨ておけぬ東洋の不幸は宗教ではありません――彼らは宗教は十分に持っています――焼けつくインドの幾百万の不幸な民衆が、ひからびたのどで叫び求めているのはパンです。彼らはパンを欲しがっているのに、われわれは石を与えているのです。飢えている人びとに宗教を差しだすのは、彼らへの侮辱です。飢えている人に形而上学《けいじじょう》を教えるのは、彼への侮辱です。インドでは、金のために説教をした聖職者は、カーストを失い、人びとにつばきをかけられます。私はこの国に、わが国の貧しい人びとのために援助をお願いしようと思ってやってきました。そして、キリスト教国でキリスト教徒から異教徒への助けを得るのはどんなに難しいことであるか、ということをはっきりと知りました。

ヒンドゥ教を成就する仏教

一八九三年九月二六日

皆さんお聞きのように、私は仏教徒ではありません。それでも私は仏教徒なのです。もしシナ、日本、またはセイロンがこの大師の教えを奉じているのなら、インドは彼を、地上に化身した神として崇拝しています。皆さんはたった今、私が仏教を批判しようとしている、とお聞きになりました。しかしそれについて、このことだけは理解していただきたいと思います。ヒンドゥ教（ヴェーダの宗教のことです）と今日仏教と呼ばれているものとの関係は、ユダヤ教とキリスト教との関係とほぼ同じです。イエス・キリストはユダヤ人であり、シャカ・ムニはヒンドゥでした。ユダヤ教徒はイエス・キリストを排斥し、いや、十字架にかけ、ヒンドゥ教徒は、シャカ・ムニを神と認めて崇敬しています。しかし、われわれヒンドゥが現代の仏教と、われわれが主ブッダの教えと理解するものとの間に指摘しようとする真のちがいは、主としてこの点にあります――シャカ・ムニは、一つも新しいものを説こうとしてきたのではありませんでした。彼もまた、イエスと同様に、完成するために来たのであって破壊するために来たのではなかったのです。ただ、イエスの場合には彼を理解しなかったのは古い人びと、ユダヤ人であったのに、ブッダの場合には、彼の教えの意味を悟らなかったのは彼自身の信奉者たちでした。ユダヤ教徒が旧約聖書の完成を理解しなかったのと同様に、仏教徒は、ヒンドゥの宗教の完成を理解しなかったのでした。もう一度くり返して申し上げますが、シャカ・ムニは破壊するために来たのではなく、彼はヒンドゥの宗教の完成、論理的な結論であり、論理的な展開でありました。

ヒンドゥの宗教は、儀式的と霊的の二つの部分に分けることができます。霊的な部分は、特に僧たちが学ぶものです。

そこにはカーストはありません。インドで最高のカースト出身の男と最低のカースト出身の男が僧になれば、二者は同等になります。カーストは単なる社会の制度であって、宗教にカーストはないのです。シャカ・ムニ自身は僧でした。そして、隠されたヴェーダから真理を見いだし、それを世界中に広めるだけの大きなハートを持っていたことが、彼の偉大なところでした。彼は、宣教を修行の中にとり入れた、世界で最初の人でした――いや、改宗勧誘ということを考えた最初の人でした。

師の並々ならぬ偉大さは、あらゆる人に対する、特に無知な人びとおよび貧しい人びとに対する彼の深い慈悲心にあります。彼の弟子たちのある者はブラーミンでした。ブッダが教えを説いた時代には、サンスクリットはインドではもはや話し言葉ではありませんでした。学識ある人びとの読む書物の中にだけ見いだされたのです。ブラーミンの弟子たちのある者は、師の教えをサンスクリットに翻訳したいと言いました。しかし彼ははっきりと、こう言いました、「私は貧しい人びと、民衆のためにいるのだ。私には民衆の言葉で語らせてくれ」ですから今日まで、大量の彼の教えは当時のインドの地方語で書かれています。

哲学の地位がどれほどのものであれ、形而上《けいじじょう》学の地位がどれほどのものであれ、この世に死というようなものがある限り、人間の胸中に弱さというようなものがある限り、弱さのゆえに人のハートからほとばしり出る叫びがある限り、神への信仰はあるはずです。

哲学の面で、大師の弟子たちはヴェーダの不滅の巌に体当たりしましたが、それらを砕くことはできませんでした。しかも他の面で、彼らは、男女を問わずあらゆる人が深く愛着している不滅の神を民衆から取り上げたのです。その結果、仏教はインドでは自然死をとげなければなりませんでした。今日、その発祥の地であるインドに、自分を仏教徒と呼ぶ人は一人もいません。

しかし同時に、ブラーミニズムは何ものかを失いました。あの改革の情熱、あらゆる人に対するあのすばらしい同情と慈悲心、仏教が大衆にもたらし、その当時のインドについて書いたギリシャの一歴史家をして、嘘を言うヒンドゥは一人も見当たらないし、不貞なヒンドゥ女性も見当たらないと言わしめたほどインドの社会を偉大ならしめた、あの驚くべきパンだねをもたなかったのです。

ヒンドゥ教は仏教なしには存続できないし、仏教はヒンドゥなしには生きられません。両者の分離がわれわれに示したものを理解して下さい。仏教徒はブラーミンの頭脳と哲学とがなければ立てないし、ブラーミンは仏教徒のハートなしには立てない。仏教徒とブラーミンとの間のこの分離が、インドの没落の原因でした。ですからインドには、三億の乞食がいるのです。ですからインドは、過去一千年の間、征服者の奴隷になっているのです。ここでわれわれは、ブラーミンのすばらしい頭脳をこの偉大な師のハートに、高貴な魂に、人間教化の力に結びつけるようにしましょう。

最終の会議における挨拶

一八九三年九月二七日

世界宗教会議は、既成の事実となりました。そして慈悲深い父は、これを実現させようと尽力なさった人びとを助けたまい、彼らの無私の働きに対し、成功という栄冠をもって報いられました。

私は、広い心と真理への愛をもってまずこのすばらしい夢をゆめみ、かつそれを実現させて下さった高貴な魂たちに感謝します。この壇上に満ちあふれた自由の精神に感謝します。私は、この理解の深い聴衆が一致して示された私へのご親切と、そして彼らが宗教間の摩擦を緩和しようとするあらゆる考えに賛成なさったことに対して、感謝いたします。この調和の空気の中にときどきは、耳ざわりな音も聞こえました。私はそれらに対して特に感謝を致します。それらはその著しいコントラストによって、一般の調和をさらに甘美なものとしたからです。

宗教統一の共通地盤について多くのことが話されました。私は今ここで敢えて自説を述べるようなことは致しません。しかし、もしここにおいでの誰であれ、この統一は諸宗教の中のどれか一つが勝利し、他が滅亡することによって得られるであろう、と期待なさるなら、その人に向かって私は申しましょう、「兄弟よ、あなたのは、かなう見込みのない希望です」と。私がキリスト教徒をヒンドゥ教徒にしたいと思いますか。とんでもないことです。私がヒンドゥ教徒か仏教徒をキリスト教徒にしたいと思いますか。とんでもないことです。

種子は大地にまかれ、土と空気と水がそれを育てます。その種子が土か空気か水になりますか。いや。それは一本の植物になります。それ自らの成長の法則に従って発育します。空気、土、および水をとりいれてそれらを植物の実質に変え、植物として成長するのです。

宗教の場合も同じです。キリスト教徒がヒンドゥ教徒や仏教徒になるべきではなく、ヒンドゥ教徒や仏教徒がキリスト教徒になるべきでもありません。ただ各自が他者の精神を消化吸収しつつ、しかも自己の個性を保ち、彼自らの成長の法則に従って進歩すべきであります。

もし宗教会議が世界に何かを示したとすれば、それはこれです。会議は、聖らかさ、純粋さ、および慈悲は世界のいかなる教会の専有物でもないということ、およびあらゆる宗教体系が最も高貴な人格の男女を輩出している、ということを世界に向かって証明しました。この証拠を前にしてもし誰かが、自分の宗教だけが生き残って他が滅びることを夢見るなら、私は心から彼をあわれみます。そして彼に向かって、いくら逆らっても、まもなくあらゆる宗教の旗じるしに、「助けよ、そして戦うな」、「破壊ではなく同化」、「紛争ではなく調和と平安」と書かれるであろう、と指摘いたしましょう。

シカゴ講演集

1995年06月18日 初版第1刷発行

2016年05月01日 第5刷発行

発行者　日本ヴェーダーンタ協会会長

発行所　日本ヴェーダーンタ協会

249-0001 神奈川県逗子市久木 4-18-1
電 話　046-873-0428
E-mail　info@vedanta.jp
Website　vedanta.jp
FAX　046-873-0592

印刷所　モリモト印刷株式会社

万が一、落丁・乱丁の場合は送料当方負担でお取替えいたします。
定価はカバーに表示してあります。

ISBN978-4-931148-33-8
Printed in Japan

し、真理に到達する方法を説く。
ラージャ・ヨーガ　価格 1000 円（新書判、242 頁）同上。精神集中等によって、真理に至る方法を説く。
シカゴ講話集　価格 500 円（文庫判、64 頁）シカゴで行なわれた世界宗教会議でのスワーミー・ヴィヴェーカーナンダの全講演。
スワミ・アドブターナンダ　価格 1000 円（B6 判、190 頁）正規の教育をまったく受けていないにかかわらず、最高の叡智を悟ったラーマクリシュナの高弟。
ラーマクリシュナ僧団の三位一体と理想と活動　価格 900 円（B6 判、128 頁）僧団の歴史と活動および日本ヴェーダーンタ協会の歴史がわかりやすく解説されている。
霊性の修行　価格 900 円（B6 判、168 頁）前僧院長ブテシャーナンダジによる日本での講話。霊性の修行に関する深遠、そして実践的な講話集。
瞑想と霊性の生活 1　価格 1000 円（B6 判、232 頁）スワーミー・ヤティシュワラーナンダ。灯台の光のように霊性の旅路を照らし続け、誠実な魂たちに霊的知識を伝える重要な概念書の第 1 巻。
インド賢者物語　価格 900 円(B5 判、72 頁、2 色刷り)スワーミー•ヴィヴェーカーナンダ伝記絵本。

D V D

ヴィヴェーカーナンダ・バイ・ヴィヴェーカーナンダ（字幕付）価格 2500 円（127 分）　ドラマ仕立てのヴィヴェーカーナンダの詳細な生涯。

スワーミー•ヴィヴェーカーナンダ生涯の記録(字幕付) 価格2000円 (54分)　監督プロノイ•ロイ、ラディカ・ロイによる貴重な記録。

C　D

シュリー•ラーマクリシュナ•アラティ　価格 2000 円（約 60 分）毎日ラーマクリシュナ•ミッションで夕拝に歌われているもの、他に朗唱等を含む。

シヴァ - バジャン（シヴァのマントラと賛歌　価格 2000 円（約 75 分）　シヴァに捧げるマントラと賛歌が甘美な声で歌われ、静寂と平安をもたらす。

こころに咲く花　～ やすらぎの信仰歌 ～　価格 1500 円（約 46 分）　日本語賛歌 CD です。主に神とインドの預言者の歌で神を信じる誰もが楽しめる内容。

ラヴィ・シャンカール、シタール　価格 1900 円 世界的な演奏家によるシタール演奏。瞑想などの BGM に。

ハリ・プラサード、フルート　価格 1900 円 インド著名な演奏家によるフルート演奏。瞑想などの BGM に。

ディッヴァ・ギーティ（神聖な歌）1 ～ 3　各価格 2000 円（約 60 分）聞く人のハートに慰めと純粋な喜びをもたらし、神への歓喜を呼び覚ます歌です。

ディヤーナム（瞑想）　価格 2000 円（77:50 分）信仰の道（バクティ・ヨーガ）、識別の道（ギャーナ・ヨーガ）の瞑想方法を収録。

普遍の祈りと讃歌　価格 2000 円（44:58 分）サンスクリット語の朗誦と讃歌によるヴェーダ・マントラ。

シュリマッド•バガヴァッド•ギーター（3 枚組）価格 5000 円（75:27、67:17、68:00 分）サンスクリット語。インドの聖なる英知と至高の知恵の朗誦、全 18 章完全収録。

シュリマッド・バガヴァッド・ギーター選集　価格 2200 円（79:06 分）上記のギーター 3 枚組より抜粋し、1 枚にまとめた CD。

※その他　線香、写真、数珠などあります。サイト閲覧又はカタログをご請求ください。

会　員

□　準会員　又は　□　正会員　協会会員には、雑誌講読を主とする準会員（年間４０００円）と協会の維持を助けてくれる正会員（年間１２０００円またはそれ以上）があります。正・準会員には年 6 回、奇数月発行の会誌「不滅の言葉」と、催し物のご案内をお送り致します。また協会の物品購入に関して１５%引きとなります。（協会直販のみ）（会員の会費には税はつきません）

※セット販売、価格などは変更の可能性があります。最新はサイトをご覧ください。

書　籍

ナーラダ・バクティ・スートラ　価格 800 円（B6、184 頁）聖者ナーラダによる信仰の道の格言集。著名な出家僧による注釈入り。
ヴィヴェーカーナンダの物語 価格 800 円（B6 判、132 頁）スワーミー・ヴィヴェーカーナンダの生涯における注目すべきできごとと彼の言葉。
最高の愛 価格 900 円（B6 判、140 頁）スワーミー・ヴィヴェーカーナンダによる信仰（純粋な愛）の道に関する深い洞察と実践の書。
調和の預言者 価格 1000 円（B6 判、180 頁）スワーミー・テジャサーナンダ著。スワーミー・ヴィヴェーカーナンダの生涯の他にメッセージ等を含む。
立ち上がれ 目覚めよ 価格 500 円（文庫版、76 頁）スワーミー・ヴィヴェーカーナンダのメッセージをコンパクトにまとめた。
100 の Q&A 価格 900 円 (B6 判、100 頁）人間関係、心の平安、霊的な生活とヒンドゥー教について質疑応答集。スワーミー・メーダサーナンダ著。
永遠の物語 価格 1000 円 (B6 判、124 頁）（バイリンガル本）心の糧になるさまざまな短篇集。

ラーマクリシュナの福音要約版 上巻　価格 1000 円（文庫判、304 頁）「ラーマクリシュナの福音」の全訳からの主要部分をまとめた要約版上巻。

ラーマクリシュナの福音要約版 下巻　定価 1000 円（文庫判、400 頁）「ラーマクリシュナの福音」の全訳からの主要部分をまとめた要約版下巻。

スワーミー・ヴィヴェーカーナンダと日本　価格 1000 円（B6 判、152 頁）スワーミーと日本との関連性をまとめた。スワーミー・メーダサーナンダ著。

インスパイアリング・メッセージ Vol.1　価格 900 円（文庫版変形、152 頁）世界の偉大な預言者のメッセージを集めた小冊子です。

インスパイアリング・メッセージ Vol.2　価格 900 円（文庫版変形、136 頁）世界の偉大な預言者のメッセージを集めた小冊子の第 2 弾です。

はじめてのヴェーダーンタ　価格 1000 円（B6 判、144 頁）はじめてインド思想のヴェーダーンタに触れる方々のために書かれたもの。

真実の愛と勇気（ラーマクリシュナの弟子たちの足跡）価格 1900 円（B6 判、424 頁）出家した弟子 16 人の伝記と教えが収められている。

シュリーマッド・バーガヴァタム価格 1600 円（B6 判、304 頁）神人シュリー・クリシュナや多くの聖者、信者、王の生涯の貴重な霊性の教えが語られている。

ラーマクリシュナの生涯（上巻）価格 4900 円（A5 判、772 頁）伝記。その希有の霊的修行と結果を忠実に、かつ詳細に記録。

ラーマクリシュナの生涯（下巻）価格 4900 円 (A5 判、608 頁）伝記の決定版の下巻。

シュリーマッド・バガヴァッド・ギーター　価格 1400 円（B6 変形、220 頁、ハードカバー）ローマ字とカタカナに転写したサンスクリット原典とその日本語訳。

ホーリー・マザーの生涯　価格 1900 円（A5 判 320 頁）スワーミー・ニキラーナンダ著。現代インドの聖女サーラダー・デーヴィーの生涯。

ホーリー・マザーの福音　価格 1900 円（A5 判 320 頁）現代インドの聖女サーラダー・デーヴィーの教え。

抜粋ラーマクリシュナの福音　価格 1500 円（B6 判、436 頁）1907 年、「福音」の著者みずからが、その要所をぬき出して英訳、出版した。改訂 2 版。

最高をめざして　価格 1000 円 (B6 判、244 頁）ラーマクリシュナ僧団・奉仕団の第 6 代の長、スワーミー・ヴィラジャーナンダが出家・在家両方の弟子たちのために説いた最高の目標に達するための教え。

永遠の伴侶　価格 1500 円 (B6 判、342 頁）至高の世界に生き続けた霊性の人、ブラマーナンダジの伝記と語録。弟子たちが亡き師の深い愛を偲ぶ。追憶記も含む。

カルマ・ヨーガ　価格 1000 円（新書判、214 頁）ヴィヴェーカーナンダ講話集。無執着で働くことによって自己放棄を得る方法を説く。

バクティ・ヨーガ　価格 1000 円（新書判、192 頁）同上。人格神信仰の論理的根拠、実践の方法及びその究極の境地を説く。

ギャーナ・ヨーガ　価格 1400 円（新書判、352 頁）同上。哲学的思索により実在と非実在を識別

日本ヴェーダーンタ協会 刊行物

改訂新刊

秘められたインド改訂版　価格 1400 円（B6、442 頁）哲学者 P・ブラントンが真のヨーギを求めてインドを遍歴し、沈黙の聖者ラーマナ・マハリシに会う。
ウパニシャド改訂版 価格 1500 円 (B6、276 頁) ヒンドゥ教の最も古く重要な聖典です。ヴェーダーンタ哲学はウパニシャドに基づいています。
新価格、新カバー
新価格•新カバー：わが師 1300 円→ 1000 円 (B6 判、246 頁) スワーミージー講演集。「わが師(スワーミーが彼の師ラーマクリシュナを語る)」、「シカゴ講演集」、「インドの賢者たち」その他を含む。
新価格・新カバー：ヒンドゥイズム 1300 円→ 1000 円 (B6 判、266 頁) ヒンドゥの信仰と哲学の根本原理を分かりやすく解説した一般教養書。
新価格：霊性の師たちの生涯 1300 円→ 1000 円 (B6 判、301 頁) ラーマクリシュナ、サーラダー・デーヴィーおよびスワーミー・ヴィヴェーカーナンダの伝記。
新価格・新カバー：神を求めて 900 円→ 800 円 (B6 判、263 頁)　ラーマクリシュナの高弟、禁欲と瞑想の聖者スワーミー・トゥリヤーナンダの生涯。
新価格：CD マントラム 2000 円→ 1500 円（約 79 分）［第 2 版］。インドと日本の朗唱集。インドおよび日本の僧侶による。心を穏やかにし、瞑想を助けます。

協会ショップ内限定販売（協会への注文のみの対応です）
特別割引

ラーマクリシュナの福音 価格 6900 円→ 5000 円（A 5 判、上製、1324 頁）近代インド最大の聖者ラーマクリシュナの言葉を直に読むことができる待望の書。改訂版として再販。
謙虚な心　価格 1100 円→ 900 円（176 頁、B6）シュリー・ラーマクリシュナの家住者の高弟ナーグ・マハーシャヤの生涯。
スワーミー・ヴィヴェーカーナンダの生涯 価格 1900 円→ 1500 円 (A5 判、368 頁）すばらしい生涯が美しくまとめられています。スワーミー・ニキラーナンダ著。
ホーリー・マザーの福音　価格 1900 円→ 1600 円（A5 判 320 頁）現代インドの聖女サーラダー・デーヴィーの教え。
ホーリー・マザーの生涯　価格 1900 円→ 1600 円（A5 判 320 頁）スワーミー・ニキラーナンダ著。現代インドの聖女サーラダー・デーヴィーの生涯。
スワミ・アドブターナンダ　価格 1000 円→ 900 円（B6 判、190 頁）正規の教育をまったく受けていないにかかわらず、最高の叡智を悟ったラーマクリシュナの高弟。
新セット価格
(信仰セット）ナーラダ・バクティ・スートラ、最高の愛、バクティ・ヨーガ 価格変更 2700 円→ 2400 円
(聖者セット）謙虚な心、スワミ・アドブターナンダ、神を求めて 価格変更 2900 円→ 2200 円
（ヨーガセット）カルマ・ヨーガ、バクティ・ヨーガ、ギャーナ・ヨーガ、ラージャ・ヨーガ 価格変更 4400 円→ 4000 円
(ホーリー・マザーセット）ホーリー・マザーの福音、ホーリー・マザーの生涯 価格変更 3800 円→ 2900 円
（ヴィヴェーカーナンダセット）スワーミー・ヴィヴェーカーナンダの生涯、ヴィヴェーカーナンダの物語、シカゴ講演集、立ち上がれ 目覚めよ 価格変更 3700 円→ 2900 円
(ギーターセット）シュリーマッド・バガヴァッド・ギーター、CD シュリマッド・バガヴァッド・ギーター 価格変更 6400 円→ 5000 円
セット価格
ラーマクシュナの生涯上下巻セット価格変更 9800 円→ 7800 円
ラーマクシュナの福音要約版 上下巻セット価格変更 2000 円→ 1500 円
インスパイアリング・メッセージ Vol.1 ～ 2 セット 価格変更 1800 円→ 1200 円